김봄라

마법의 시간

애지디카시선 012
마법의 시간

2025년 12월 15일 초판 1쇄 발행

지은이 송문희
펴낸이 윤영진
기획편집 함순례
홍 보 한천규
펴낸곳 도서출판 애지
등록 제 2005-000005호
주소 34570 대전광역시 동구 대전천북로 12
전화 042 637 9942
팩스 042 635 9941
전자우편 ejiweb@hanmail.net
ⓒ송문희 2025
ISBN 979-11-91719-40-6 03810

* 저자와의 협의에 의해 인지를 생략합니다.
* 이 책 내용의 전부 또는 일부를 재사용하려면 저자와 애지 양측의
  동의를 받아야 합니다.
* 이 책은 경상남도, 경남문화예술진흥원의 문화예술 지원을
  보조받아 발간 되었습니다

에지디카시 012

마법의 시간

송문희 디카시집

시인의 말

지금 조우한 것들
이미 친숙한 것들이어도
나는 낯설다.

절반을 보여주는 디카시
순간의 날것을 쓰느라
자꾸 더듬거렸다.

한 컷 생명력을 위한
짧은 언술에 그대가
마법같이
숨을 불어넣어 주기를
그러그러하기를.

2025년 가을에
송문희

■ 차례

시인의 말　005

제1부 생각을 부려놓다

물등　012
탈고하다　014
반려伴侶를 반려返戾하다　016
밥그릇 불문율　018
달팽이　020
보물선　022
마법의 시간　024
노란 손수건　026
내일이 있으므로　028
하마터면　030
엄마는 충전 중　032
농부의 아침　034
기억 GPS　036
쉿!　038

제2부 끝은 끝이 아니다

당신 042
웃음의 변주 044
꽃비주의보 046
출산 048
푸른 그늘 아래에서 050
가을을 줍다 052
백두산 054
땅끝 속삭임 056
사랑 058
재미난 농사 060
풀잎 지퍼 062
폭싹 속았수다 064
기로에서 066
뭉클 068

제3부 풍경 속에 깃든 말

속엣말 072
연주하지 않는 연주 074
너도 꽃 076
사문진 발라드 078
묘비명 080
화살기도 082
마중물 084
천지의 미소 086
윤동주를 찾아서 088
덜컥 090
지금, 너희에게 092
모성애 094
스스로 바보라는 그분을 사랑하여서 096
생각의 출처 098

제4부 네 안의 불씨를 깨우는 일

Why not? 102
그리운 귀환 104
한 번 더 106
2024년 6월 12일 108
기댈 언덕 110
사랑의 거처 112
세모의 꿈 114
영남루 116
회혼 118
모름지기 120
토문재 풍경 122
아버지 124
사랑 연대기 126

해설 타자의 얼굴 앞에 머무는 시간과 응답 최광임 129

제1부
생각을 부려놓다

물둥

생각을 부려놓은 물의 척추는

내려놓기 마침맞은 골몰하는 등짝

행간을 흐르는 물의 말

고요히 받아적으면

이내 단단해지는 뼈

탈고하다

나무가 시구詩句를 늘어뜨리고 있다

바람의 말을 완성한 한 편을 벗는다

반려伴侶를 반려返戾하다

어제 또 누군가 가족을 버려서

너는 집을 떠났다

참 다행이다

밥그릇 불문율

가장 따듯한 풍경을 본다

허나,
새들처럼 간혹 잊어버리는 것이 있다
결코 탐하지 말아야 할 것이 있다

달팽이

한 짐 가득 쌓은 집

기어갈 날 아득하나

끄는 이의 굽은 등은

누군가의 생각이 흔들리는 지점

보물선

푸른 밧줄에 묶여

정박한 배 한 척

천의무봉 황금 한 덩이

마법의 시간

당신 이마의 주름

삶의 무게가 그린 골짜기

사막이 한 겹씩 벗겨내고 있었다

하루치 우주가 저물고 있었다

노란 손수건

너희를 보내고 알았다

기다리는 사람에겐

결코 늦은 시간은 없다는 것을

내일이 있으므로

현생에도 티탄족의 후예가 있어
짐 지고 오르내리는,

지치지 않는 어깨 위
지난한 삶의 무게

하마터면

꺾을 뻔했다

태양과 달, 수금지화목토천해
손톱만 한 꽃에 꽉 찬 우주

엄마는 충전 중

배터리 다 닳아

알약 한 주먹씩 충전하는 엄마

이제나저제나 기다리는

네 목소리가 배터리인 것을

농부의 아침

일제히 입 크게 벌려

앙앙대는 새들

지저귀는 입 안이 붉다

햇살 모이 준비한 어미새

기억 GPS

서로 달리 읽어도

틀린 것이 아니라
기억의 위치가 다른 것일 뿐

쉿!

초록으로 흠뻑 젖었네요

위양지 일대 소문난 사랑

제2부
끝은 끝이 아니다

당신

넘어지는 것이 두려워

조심조심 살았다

이젠 든든한 손 하나 믿고

거침없이 살겠다

웃음의 변주

표현이 서툰 나는

웃음 많은 당신 따라쟁이다

쿵 헤헤

짝 히힛

꽃비주의보

봄날의 속도는 30킬로입니다

과속하면 흰 폭우 쏟아집니다

오늘은

사람 태풍도 예상됩니다만,

누구나 꽃길만 걷는 시간입니다

출산

우렁찬 첫울음

어떤 뉴스가 이보다 반가우랴

푸른 그늘 아래에서

편안케 읽히길 바라네

조금씩 기울고

눕고

하품하며

가을을 줍다

소슬바람 한 잔에도 취기가 오르는데

쓱 건네는 분홍 가을

딱! 웃기 좋은 날

백두산

불끈 솟은 백두의 근육

등뼈 위로 꿈틀거린다

맹수의 포효 가두고 잠든

아버지의 등줄기

땅끝 속삭임

끝은 끝이 아니라 시작이라는 것을

끝까지 가봐야 안다

둥글게 마침표 찍고 돌아서

다시, 출발하라 한다

사랑

끝끝내 물거품이 되었어도

사랑을 지킨 희생은 아름다워라

섬으로 오는 배를 하염없이 바라보는

절반의 사랑 그 뒤편에는

동백이 피고 지고

재미난 농사

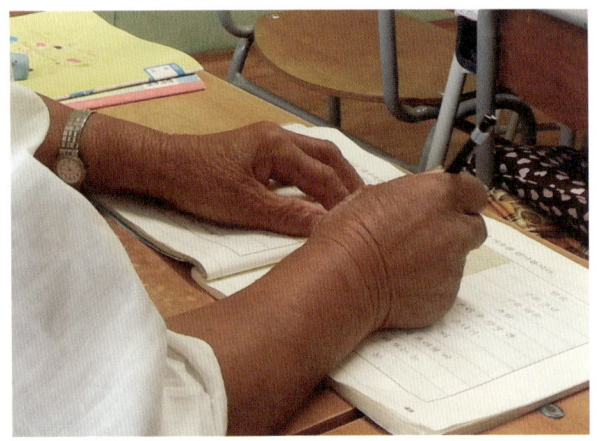

부끄럽다고 뒷걸음질 치던

한평생 호미와 낫으로 일하던 거친 손

이런 세상도 있구나

삐딱빼딱 춤추는 글씨들

풀잎 지퍼

튼 뱃살 사이 붉게 기운
사랑을 낳은 흔적

네가 보고 싶을 때마다
조금씩 가려워 간지러워
싱긋 빙긋 웃어본다

폭싹 속았수다

전쟁 같은 生, 여행 같은 섬에서

따뜻한 기억을 그렸네

물고기와 게와 아이들*

짧았으나 행복하였을

ㅈㅜㅇㅅㅓㅂ

* 화가 이중섭의 작품.

기로에서

끝까지 웃으며 가려거든

마음이 원하는 길로 가라

뭉클

나 하나쯤이야, No!

나 하나라도, Yes!

작은 마음들 모여

세상은 굴러가는 것을

제3부
풍경 속에 깃든 말

속엣말

사랑한다, 미안하다, 고맙다
풍경에 깃든 저 둥근 마음

희미해도 단박에 알 수 있지

연주하지 않는 연주

존 케이지의 피아노곡 4분 33초*가 흐른다
거인의 하모니카 연주회

사람들의 탄성, 셔터음, 웃음소리가 섞인
명랑한 연주가 반복되고 있다

* 4분 33초 동안 무음(침묵: 객석의 기침 소리, 속삭이는
 소리 등 포함된) 연주곡.

너도 꽃

꽃처럼 사랑도 다른 느낌이 있지

저마다 색깔은 달라도

꿈꾸는 자는 꽃을 피우지

사문진 발라드

강물이 악보를 넘기자

바람 속에 음표가 떠다닌다

건반을 두드리는 시간에는

하늘의 낯빛이 밝다

묘비명

가끔 이름을 불러주세요

귀는 열어 두겠습니다

화살기도

느낌표로 솟구칠 때가 있네

무언의 울림 느낄 때
마음이 울컥할 때
지구의 평화 간절할 때

수시로 쏘아 올리네

마중물

착한 사람들이 가여운 사람들을 돕는다

그대가 나누는 물 한 잔이
그들을 콸콸 살고 싶게 한다

천지의 미소

범접할 수 없는 침묵의 시간

새벽마다 정화수 떠 놓고 빌던

평화롭고 잔잔한 어머니

하늘도 내려와 푸르게 웃는다

윤동주를 찾아서

시인이 없는 자리

시가 각고의 시간을 버티고 있네

시인은 젊고 시는 오래되었네

덜컥

핏덩이가 투둑 떨어졌다

숨이 빠져나간 자리

다시 꽃핀 후 치유되었다

지금, 너희에게

첫 결심 꼬옥 쥐고 나서는

푸르른 발돋움

때론 돌아보며

넘어지기도 하며

꿈을 향해 앞으로 가자

모성애

어머니의 상처로

아이는 자랍니다

애면글면하는 어머니를

먹고 자랍니다

스스로 바보라는 그분을 사랑하여서

나도 천생 바보입니다

미리 써놓은 답장에

뒤늦게 부친 연서

바보는 사랑의 열쇠입니다

생각의 출처

사람의 생각이 독서의 결과라면

나는 기꺼이

저 계단을 오르겠습니다

제4부
네 안의 불씨를 깨우는 일

Why not?

고철도

오래 갈고 닦으니

세상의 등불이 되었다

하물며 사람이야

그리운 귀환

이 세상 소풍 끝내고 돌아간 시인

주물주물
마지막으로 빚어 넣은 눈
과 내가

번쩍, 마주치다

한 번 더

타오른다는 것은
네 안의 불씨를 깨우는 일이다

한 번만 더
불꽃처럼 살아보라
응원하는 것이다

2024년 6월 12일

정년 퇴임한 당신, 수고 많았습니다
한순간도 긴장 풀지 않는 모습 존경합니다
가족 위해 힘쏜 시간 고맙습니다

거친 항해 잠시 내려놓고
이제 진정한 당신을 만나십시오

기댈 언덕

한쪽 어깨는 비워 놓기로 하자

누군가 기댈 수 있도록

어제는 몇 사람이 이름을 버렸다

사랑의 거처

채워둔 사랑의 언약들

행방 묘연한 맹세들

사랑, 그 다음에 오는 것들

도무지 헤아릴 수 없는 것들

세모의 꿈

저 꼭짓점에 이르면

날개가 펼쳐질 거야

희망을 품고

내일 향해 걸어가는 거야

영남루

수백 년 우뚝 선 눈부신 역사

그 아래 살아가는 우리네 生을 비추네

밀양강도 못내 아쉬운지

물그림자 서랍에 챙겨 두는

영남제일루 嶺南第一樓

회혼

나 어리석어 풀 길 없는

저 환한 천년의 미소

다시 시작되는

빛과 소금의 시간

모름지기

높아지려는 것이 아니라

깊어지려는 것이다

나도 따라 올라본다

토문재 풍경

나, 바다로 돌아갈래요

울며 보채는 물고기
바람이 밤새 달래는 소리에 깨어
글을 토하는 사람들

바다 품은 文이 열리네

아버지

가난을 지고 구순에 도착한

세파의 짐 내려놓고

벽에 기댄 삽 한 자루

사랑 연대기

지금 그대의 사랑은

어느 시간을 지나고 있는가

아말피에서 더듬어보다

해설

타자의 얼굴 앞에 머무는 시간과 응답
— 송문희 디카시집 『마법의 시간』

최광임(시인 · 경남정보대 겸임교수)

1.

 이미지로 전달된 고통은 우리를 쉽게 관음증적 시선에 머물게 하는 경향이 있다. 연민하는 척하면서도 안전한 자리에 숨어 그 고통을 소모하는 것이 그것이다. 그러므로 타자의 고통을 볼 때, 단순히 느끼는 것이 아니라 그 고통이 나에게 도달했다는 사실을 윤리적 행동으로 변환하는 책임으로 받아들여야 한다. 이런 점에서 궁핍 속에서 도움의 손길을 애타게 기다리는 타자의 얼굴을 볼 때 그것의 요구에 조건 없이 굴복해야 한다는 레비나스의 주장은 옳다. 우리가 세계를 바라보는 것은 타자의 얼굴과 대면하는 일이고 사랑, 고통, 삶, 타인의 마음을 얼굴로 읽는 내가 그 앞에 있다는 말이다. 그렇다면 나는 어떻게 응답하는가? 혹은 응답할 것인가? 묻지 않을 수 없다.

송문희의 디카시는 타자에 대한 선입관을 버리고(판단정지), 그 얼굴이 열어 보이는 취약성과 살아 있음의 떨림을 포착한다. 레비나스적 의미에서 얼굴은 우리를 불러세우는 윤리적 사건인데, 송문희의 디카시들은 바로 그 사건을 반복해서 경험하게 한다. 차가운 사물, 스쳐 지나가는 풍경, 흔한 일상의 순간들조차 누군가의 숨결과 사연을 품어내며, 우리를 그 앞에서 잠시 멈추고 응시하도록 한다. 시인은 가장 사소한 풍경에서도 타자의 고통과 기쁨, 연약함과 존엄을 '바라보는 시간'을 회복하며, 서로가 서로에게 도착하기 위한 작은 연대를 만들어낸다. 이러한 응시는 감상적 동정이 아니라, 타자의 침묵을 자신의 내부에 비워두는 수행적 응답이며, 그 비어 있는 자리에서 관계의 숨결이 다시 살아나게 한다. 송문희의 디카시는 타자에게로 열리는 작고 고요한 연대의 공간을 만들고, 얼굴 앞에 머무는 시간을 우리의 삶 속에서 다시 회복하도록 이끈다.

한 짐 가득 쌓은 집
기어갈 날 아득하나

끄는 이의 굽은 등은
누군가의 생각이 흔들리는 지점

─「달팽이」전문

집이라는 말은 안정과 머묾의 상징이다. 집은 이동이 불가하며 사람을 품는 공간이다. 또는 사람의 자산을 상징하기도 한다. 이러한 역할을 하지 못하는 집은 특수한 것이 된다. 달팽이처럼 굽은 등의 주체는 수레가 집이자 한 짐이 재산인데, 바퀴 위에 얹힌 채 언제든 이동하거나 흔들릴 수 있는 존재의 조건을 드러낸다. 불안전한 삶이다. 흥미로운 점은 이 집의 주인이 사진 프레임 안에 등장하지 않는다는 사실이다. 프레임 밖에 있는 주체를 '굽은 등'이라는 최소한의 흔적으로만 제시함으로써 부재한 얼굴을 드러낸다. 이 굽은 등은 노동의 시간과 절대 가난으로 고단한 생의 중량을 말없이 품고 있다. 그것은 독자가 타자의 얼굴(고통)과 직접 마주하는 자리가 되고, 그곳에선 그 존재를 외면할 수 없게 만드는 윤리적 흔들림이 작동한다. 송문희는 수레의 주인을 직접 보여주지 않음으로써, 오히려 우리가 타인의 삶을 상상하도록 여백을 열어둔다. 레비나스가 말한 얼굴의 윤리란, 타자의 연약함 앞에서 응답하지 않을 수 없는 내면적 진동인데, 송문희는 그 순간을 "누군가의 생각이 흔들리는 지점"이라고 진술한다. 프레임 안의 상황을 직접적으로 언술하지 않음으로써 윤리적 호소는 오히려 더 강해진다.

가장 따듯한 풍경을 본다

허나,
새들처럼 간혹 잊어버리는 것이 있다
결코 탐하지 말아야 할 것이 있다

―「밥그릇 불문율」 전문

 말의 밥그릇에 고개를 파묻은 두 마리의 새는 언뜻 보기에는 자연이 허락한 평온한 한 장면처럼 보인다. 강자와 약자의 구분 없이 먹이를 나눠 먹는다는 일은 단순하면서도 가장 아름다운 세계의 질서이기도 하다. 그러나 시인은 그 다정한 풍경 속에서 흔히 보지 못할 틈을 발견한다. 새들은 단지 말 곁에서 떨어진 낟알을 쪼아 먹는 것이 아니라, 말의 몫인 밥그릇 안으로 깊숙이 들어가 있다.

인간이란 현존재는 세계내존재로서 세계 안에서 그 존재가 열리고 드러나는 틈을 경험한다. 즉 현존재는 말해질 수 있는 것과 말해질 수 없는 것 사이의 경계와 그 틈을 볼 줄 안다. 바로 이 지점에서 시인은 자연이 지켜온 불문율이 어긋난 흔적을 읽어낸다.

'밥그릇 불문율'은 단순한 규칙이 아니다. 타자의 자리를 침범하지 않는, 말로 설명되지 않아도 세계의 생명들 사이에서 오래 이어져 온 윤리적 거리감이다. 그러나 두 마리의 새는 그 경계를 넘어선다. 송문희는 그 잊힘을 인간의 세계로 가져온다. 인간 또한 남의 밥, 남의 몫을 탐해서는 안 된다는 가장 근본적인 윤리를 알고 있음에도, 삶의 굴곡 속에서 우리는 타자의 삶과 권역을 넘나들려 한다. 우리는 새들처럼, 아니 새들보다 더 자주, 결핍 속에서 타자의 것을 자신의 것으로 넘쳐나게 욕망한다.

레비나스가 말한 타자의 얼굴은 거창한 만남 속에서 나타나는 것이 아니다. 오히려 이렇게 사소한 일상의 풍경 속에서 우리 앞에 모습을 드러낸다. 말의 얼굴이 사진 속에서 직접 드러나지 않지만, 그 부재한 얼굴은 오히려 더 강한 윤리적 요청으로 작용한다. 밥그릇을 향해 고개를 숙인 말의 신체 일부는 타자의 권역이 어디에 놓여 있는

지를 분명하게 알려준다. 그 앞에 서 있는 우리의 시선 또한 잠시 멈춰 설 수밖에 없다.

송문희는 결국 따뜻한 풍경 속에 스며 있는 작은 틈을 통해, 우리가 매일 무심히 지나는 윤리의 선을 다시 묻게 한다. 타자의 몫 앞에서 머뭇거릴 수 있는 감각, 경계를 지키려는 마음, 남의 밥그릇을 탐하지 않는 오래된 윤리를 상기하는 것이야말로「밥그릇 불문율」이 만들어낸 잔향이다.

착한 사람들이 가여운 사람들을 돕는다

그대가 나누는 물 한 잔이
그들을 콸콸 살고 싶게 한다

－「마중물」 전문

「마중물」은 오래된 수동 펌프가 품은 상징을 통해, '도움'이란 무엇인지 다시 묻는다. 사진 속 우물펌프는 실제 물이 흐르지 않더라도, 여전히 '타자를 향한 응답'의 기호로 서 있다. 레비나스가 말한 타자의 얼굴은 우리에게 단순한 연민을 넘어, 행동으로 나아가라는 윤리적 부름이다. 바로 그 응답의 최소 단위인 "물 한 잔"이 어떻게 타자의 삶에 흘러가게 되는지를 보여준다.

　여기서 중요한 것은 '부자가 가난한 이를 돕는다'는 수직적 구도가 아니라는 점이다. 시적 언술은 애초에 그런 위계를 지우고, "착한 사람들이 가여운 사람들을 돕는다"고 말한다. 선함과 가여움이라는 말은 사회적 위치나 경제적 차이를 넘어선 관계의 층위를 드러낸다. 누군가의 곁에 서서 작은 물 한 잔을 부어주는 행위는, 구조적 구원도, 대단한 박애도 아니다. 그저 눈앞의 타자가 마르지 않도록, 다시 한번 살아보고 싶도록, '콸콸' 흐르게 해주는 인간적 동반의 몸짓이다.

　도시 공원의 펌프는 이제 실질적 우물이 아니라 상징적 우물이지만, 그 상징성 때문에 더 힘을 가진다. 이 자리에서 물을 길어 마실 존재가 없는 날에도, 우물펌프는 여전히 우리를 향해 묻는다. 지금 당신의 손에 쥔 '물 한 잔'은 어디로 흘러가야 하느냐고. 타자의 결핍을 보았을 때, 당신은 어떤 방식으로 응답할 것이냐고. 송문희는 우리에게도 응답하도록 한다.

결국 이 디카시가 말하는 '마중물'은 도움의 양이 아니라, 도움의 방향인 셈이다. 거대하지 않아도 된다. 단 한 잔의 마중물로 물이 터져 나오듯, 아주 작은 선의가 타자의 삶에서 예기치 않은 흐름을 일으킬 수 있다. 그 작은 응답이야말로, 레비나스가 말한 윤리의 시작이자, 우리가 서로의 존재를 다시 살게 만드는 기적의 연대이다.

한쪽 어깨는 비워 놓기로 하자
누군가 기댈 수 있도록

어제는 몇 사람이 이름을 버렸다

―「기댈 언덕」 전문

  풀밭 위에 세워진 두 개의 선재 조형물은 몸 전체를 말하지 않으면서도 어떤 관계를 온전히 드러낸다. 한 조형물이 다른 조형물의 어깨에 살짝 기대어 있는 그 작은 기울기는, 누군가의 무게를 받아들이는 어깨가 세상에 여전히 존재한다는 증표처럼 보인다. 과장 없는 선, 과장 없는 몸짓이기에 더 절실해지는 장면이다.

  문자 기호는 이 장면을 부드럽게 감싸며, '비워 둔다'는 행위의 의미를 확장한다. 자신의 자리를 비우는 것은 여분이 있어서가 아니라, 타자가 다가올 수도 있다는 사실을 먼저 받아들이는 태도다. 레비나스가 말한 타자의 얼굴은 언제나 나의 바깥에서 나를 향해 오고, 그 고요한 호소 앞에서 나는 응답하지 않을 수 없는 존재가 된다. 어깨를 비워두는 행위는 바로 그 응답의 가장 일반적인 형태이자, 타자에게 내어주는 작고도 확실한 방식의 환대다.

  송문희는 사회의 무관심 속에서 제 목소리를 잃은 채, 더는 누군가에게 불릴 이름조차 남기지 못한 이들이 있다는 현실을 꺼내놓는다. 기댈 어깨 하나 없는 삶, 불림의 자리에서 밀려난 삶, 자기 이름조차 지탱할 힘이 사라진 삶. 시인이 그 익명의 그림자에게 응답을 한다.

레비나스의 관점에서 보면, 타자의 얼굴은 바로 이러한 침묵 너머에서 우리를 바라본다. "나를 죽이지 말라"는 윤리의 가장 원초적 호소가, 이름을 버린 자들의 부재에서 더욱 선명해진다. 시적 언술에서 '어깨를 비워 두라'는 말은 추상적 위로나 감정적 연민의 표현이 아니라, 응답해야만 하는 자리, 타자를 맞아들일 통로를 열어두라는 요청이다. 내가 기댈 곳을 찾기 전에, 먼저 타자가 기댈 수 있는 빈자리부터 마련하라는 말이다.

한쪽 어깨를 비워두는 일은 쉽지 않다. 그것은 내 시간을, 내 마음의 힘을, 내 생의 공간을 타자를 위해 내어놓는 일이기 때문이다. 그러나 그렇게 비워둔 어깨 하나가 누군가의 죽음을 막을 만큼 큰 언덕이 될 수도 있다. '어제 이름을 버린 사람들'이 다시는 생기지 않도록, 사진 속 조형물처럼 묵묵히 비워진 자리를 유지하는 것이야말로 우리가 감당해야 할 무한책임의 또 다른 얼굴이다.

2.

송문희의 작품들은 일상의 가장 작은 장면에서 불현듯 모습을 드러내는 타자의 얼굴을 향해 천천히 멈추어 서는 시간의 기록이다. 이 얼굴은 레비나스가 말한 '나-바깥'에서 오는 무한한 부름처럼, 화자를 감정의 관람자 자리에서 끌어내어 책임의 자리로 이동시킨다. 수전 손택도 말했듯 타인의 고통은 연민으로 소비될 대상이 아니라 응답을 요구하는 현실이며, 송문희는 그 응답의 가능성을 조용한 이미지와 짧은 언술 속에 새겨 넣는다. 풍경과 사물, 인간과 세계는 작품 안에서 모두 타자의 목소리를 가진 존재로 다시 태어나고, 화자는 그 목소리가 건네는 요청 앞에서 기꺼이 서성인다. 이 서성임은 무력한 동정이 아니라, 타자에게로 열려있는 감각과 책임이 만들어내는 연대의 몸짓이다. 결국, 송문희는 타자를 바라보는 일이 곧 나를 넘어서는 일임을, 얼굴 앞에 머문다는 것이 곧 연대의 시작임을 보여준다.

당신 이마의 주름

삶의 무게가 그린 골짜기

사막이 한 겹씩 벗겨내고 있었다

하루치 우주가 저물고 있었다

―「마법의 시간」 전문

  사막의 석양 아래 펼쳐진 모래의 물결은 마치 인간의 이마에 새겨진 주름처럼, 시간이 차곡차곡 쌓여 굳어진 골짜기들을 닮았다. 송문희는 시간을 순환의 원으로 보지 않고, 겹겹이 압축되어 뭉개진 층위로 그려낸다. 이마의 주름이 생기기까지의 삶, 생활이 아니라 '삶' 그 자체가 만든 골짜기는 오랜 시간의 침전이 만들어낸 흔적이다.

여기서 시인의 문장은 과거형으로 뒤집힌다. 골짜기를 더 깊게 새기는 장면이 아니라, 오히려 그 굳은 시간을 서서히 펴고 삶의 무게가 만들어낸 골짜기를 메우며 "사막이 한 겹씩 벗겨내고 있었다"라고 벗겨짐의 깊이를 확장시키기 위함으로 보인다. 하루라는 좁은 단위가 우주라는 압도적 시간과 맞닿으며, 인간의 사소한 고통도 거대한 흐름 속에서 다른 빛을 얻는다. 압축된 시간이 사막의 호흡 속에서 길게 펼쳐지는 순간이다.

송문희는 개인의 고단한 시간이 우주의 흐름 속으로 들어가면서 "하루치 우주가 저물고 있었다"라고 다시 인간의 시간을 압축한다. 사막의 침묵이 한 사람에게는 길고 고단했던 시간이었다면, 우주의 관점에서는 겨우 하루에 불과하다는 사실을 환기하는 셈이다. 인간의 삶이 지닌 모든 골짜기, 무게, 압축된 기억들은 우주적 시간의 차원에서는 찰나처럼 스쳐 지나가는 것이다.

그렇게 함으로써 송문희는 사막의 황홀한 석양을, 한 사람의 고단한 이마와 연결되며 존재의 무게와 해방이 동시에 감지되는 "마법의 시간"이라 부른다. 사막의 풍경 속에서 인간의 시간은 거대하게 뭉개졌다가, 다시 쓸려

가고, 다시 펴지며, 우주적 리듬과 포개진다. 그렇게 인간의 삶을 둘러싼 시간의 감각을 뒤흔든다. 이는 시인이 가진 광대한 세계 인식의 한 조각을 보여주는 셈이다. 천간, 지간, 인간 사이는 모두 연하여 있기에 인간을 소우주로 인지할 때 보여줄 수 있는 세계이다. 송문희는 타자(당신)는 동일화할 수 있는 존재가 아니라 언제나 나를 초월하는 존재라는 점을 드러낸다.

꺾을 뻔했다

대양과 달, 수금지화목토천해
손톱만 한 꽃에 꽉 찬 우주

—「하마터면」전문

한 송이 매화꽃을 향한 시선은 극히 작고 사소한 것처럼 보인다. 시인은 그 작은 꽃 속에서 우주의 장엄한 질서를 들여다본다. 인간이란 일상에서 얼마나 쉽게 우주의 질서를 놓치고 사는 존재인가. 그저 꽃이 이뻐서 꺾고 싶은 마음이 우선했다는 것인데, 손끝으로 스치는 한순간, 우리는 태양과 달, 수금지화목토천해에 이르는 삼라만상의 거대한 시간을 모른 채 작은 생명의 운명에 개입하려 들었다는 늦은 뉘우침을 한다.

시인은 바로 그 손톱만 한 꽃 속에서 "꽉 찬 우주"를 본다. 매화꽃 한 송이는 태양과 달이 반복 없이 쌓아온 열과 냉기, 계절의 틈과 바람의 압력, 수십억 년의 탄생과 소멸의 흔적이 압축되어 드러난 형상이다. 인간의 시간으로는 꽃 한 송이 피는 찰나겠지만, 우주의 관점에서 그 꽃의 개화는 먼 과거의 별빛과 지금의 숨결이 이어져 만들어낸 결과다.

앞서 해설한 「마법의 시간」처럼, 송문희는 시간은 순환이라기보다 누적되고 응축된 층위로 이해한다. 매화꽃은 우주적 시간이 뭉개져, 순식간에 손안에 놓인 형체로 나타난 것처럼 보인다. 그러나 그 속에는 시인이 말한 것처럼 태양과 행성들의 기나긴 리듬이 배어 있다. 그러므로

'하마터면'은 단순한 유감의 표현이 아니다. 자칫 우주의 시간을 찢어버릴 뻔한, 존재론적 서늘함을 담은 숨이다.

송문희는 한 송이 꽃을 통해 인간이 얼마나 거대한 세계를 무심히 지나치는지, 그리고 우리가 매 순간 얼마나 큰 우주적 질서 위에 놓여 있는지를 깨닫게 한다.

생각을 부려놓은 물의 척추는
내려놓기 마침맞은 골똘하는 등짝

행간을 흐르는 물의 말
고요히 받아적으면

이내 단단해지는 뼈

― 「물등」 전문

'물등'은 징검다리 위에 잠시 모습을 드러낸 생각의 골조를, 흐르는 물이 다시 지워내고 비워내는 순간을 붙잡는다. 물 위로 곧게 놓인 돌들은 분명 하나의 척추처럼 보이지만, 시적 언술은 그 척추를 '부려놓은' 생각이라 한다. 이미 완성된 뼈가 아니라, 버티고 서기보다 내려놓기에 적합한, 흔들리고 미완인 등짝이다. 이 미완의 자리, 고요와 흔들림이 만나는 틈에서 블랑쇼의 말처럼 '말할 수 없는 것을 말하려는 문학의 시도'가 작동하기 시작한다.

물살은 징검다리 사이의 빈틈을 지나며 끝없이 흘러가고, 그 흐름은 시인이 "행간을 흐르는 물의 말"이라 부르는, 언어가 아직 붙잡지 못한 말들의 진동이다. 하이데거가 말한 존재의 드러남은 언제나 확실함보다 침묵과 공백의 순간에서 이루어진다. 말이 닿지 못하는 그 틈이 오히려 더 밝고 선명하다. 「물등」은 바로 그 순간을 보여준다.

돌 위에 선 생각의 척추는 물의 흐름을 가만히 받아 적을 때 비로소 단단해진다. 의미가 명료해져서라기보다 비어 있는 공간을 통과하는 흐름이 그 자체로 하나의 뼈대가 되기 때문이다. 인간의 사유는 고정된 구조물이 아니라, 흘러가는 세계의 속삭임을 들을 때 다시 형상을 얻는다.

송문희는 징검다리의 직선성과 물의 유동성을 겹쳐놓으며, 존재가 어떻게 드러나고 사라지며 다시 모습을 얻는지를 보여준다. 말해지지 않은 것이 가장 강하게 도드라지고, 비어 있는 것이야말로 생각을 지탱하는 척추가 된다. 이 밖에도 부재의 틈이 존재를 드러내어 말할 수 없는 것을 말하려는 시도는 디카시 「생각의 출처」, 「푸른 그늘 아래에서」, 「사랑의 거처」에서도 잘 드러난다.

사랑한다, 미안하다, 고맙다
풍경에 깃든 저 둥근 마음

희미해도 단박에 알 수 있지

— 「속엣말」 전문

철망 아래 매달린 둥근 풍경들에는 "사랑한다, 미안하다, 고맙다"는 말들이 이미 오래전 적혀 있었던 듯 희미하게 남아 있다. 시인은 오래전 누군가가 건넸던 마음의 무게를 다시 불러낸다. 지워졌거나 흐려졌지만, 시인으로 하여금 그 지워짐 속에서 '존재'는 오히려 더 선명하게 드러난다. 그 희미함을 결코 결락이나 소멸의 징후로 읽지 않기 때문이다. 오히려 그 흐린 문장 속에서 타자의 얼굴처럼 되살아나는 마음의 울림을 포착한다. 지워지고 마모된 글씨는 말의 부재가 아니라, 말이 지나가며 남긴 온기의 잔향이며, 한때 누군가가 어떤 얼굴을 향해 내민 응답의 흔적이다.

이때, 시인은 이 말들을 특정한 인물의 것으로 환원하지 않으며, 누구의 것인지 규정하지도 않는다. 대신, 이 흔적을 '누군가의 마음이 바람처럼 지나간 자리'로 열어둠으로써, 말의 주인을 지워내면서 더 넓은 세계로 확장한다. 송문희는 타자의 고통과 고요한 마음을 듣는 데서 출발해, 그 타자를 세계 속에서 고유한 타자로 머물게 하려는 사유로 나아간다. 응답의 윤리와 세계 인식의 확장, 이 두 흐름이 겹쳐지는 자리에서 그의 시적 태도는 더욱 분명해진다. 말이 희미해져도 사라지지 않는 이유는 그

것이 타자의 마음에서 건너온 속엣말이기 때문이라는 사실을 알기 때문이다.

송문희는 '타자의 얼굴에 응답하는 윤리적 감각'을 잊지 않는다. 타자가 남긴 말, 혹은 타자가 떠난 자리에서조차 남아 있는 마음의 흔적을 읽어내려는 태도는 결국 응답의 또 다른 방식이다. 또한 '타자를 동일화하지 않는 시적 인식'은 타자는 나와 다른 존재가 아니라 나의 이해를 넘어서는 초월적 존재라는 사유의 지점에 다다랐음을 보여준다. 초월적 존재는 언제나 나를 넘어서는 무한함으로 존재한다는 사실이다. 타자를 만나는 순간 송문희는 응답해야 하는 책임이 부여된다는 점을 인지하고 있다. 이것이야말로 송문희가 세계를 읽어내는 방식이다.

애 지 디 카 시 선

001 허수아비는 허수아비다   복효근 디카시집

002 고단한 잠   김남호 디카시집

003 우주정거장   이시향 디카시집

004 무죄   오정순 디카시집

005 가장 좋은 집   박해경 디카시집

006 꽃 트럭   이태희 디카시집

007 수신되지 않은 말이 있네   유은희 디카시집

008 의자들   문영숙 디카시집

009 이슬의 눈   황기모 디카시집

010 달은 이제 어디로 가나   유은경 디카시집

011 주리반특   김남호 디카시집